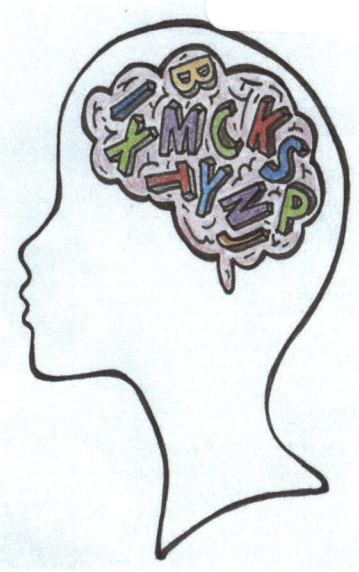

WORDS FOR THE ROAD I
100 short reflections and puns

ORD MED PÅ VEIEN I
100 korte refleksjoner og ordspill

Other books written by George Manus:

THOUGHTS, English
TANKER, Norwegian

REFLECTIONS I, English
REFLEKSJONER I, Norwegian

REFLECTIONS II, English
REFLEKSJONER II, Norwegian

REFLECTIONS III, English
REFLEKSJONER III, Norwegian

A WOMAN'S MANY MIGRATIONS, English
EN KVINNES MANGE FLYTTINGER, Norwegian

STORIES & THOUGHTS I, English
HISTORIER & TANKER I, Norwegian

INNOVATIONS AND CREATIONS, English

THE MAX MANUS COMPANIES -70 years in communication, English
MAX MANUS FIRMAENE - 70 år i kommunikasjon, Norwegian

WORDS FOR THE ROAD   ORD MED PÅ VEIEN I   English - Norwegian

WORDS FOR THE ROAD   ORD MED PÅ VEIEN II   English - Norwegian

WORDS FOR THE ROAD   ORD MED PÅ VEIEN III   English - Norwegian

WORDS FOR THE ROAD   ORD MED PÅ VEIEN IV   English - Norwegian

WORDS FOR THE ROAD   ORD MED PÅ VEIEN V   English - Norwegian

WORDS FOR THE ROAD   ORD MED PÅ VEIEN VI   English - Norwegian

WORDS FOR THE ROAD   ORD MED PÅ VEIEN VII   English - Norwegian

WORDS FOR THE ROAD   ORD MED PÅ VEIEN VIII   English - Norwegian

WORDS FOR THE ROAD   ORD MED PÅ VEIEN IX   English - Norwegian

WORDS FOR THE ROAD   ORD MED PÅ VEIEN X   English - Norwegian

You are heartedly welcome to quote from this book, respecting the copyright.

ISBN: 9788743028840

Author: George Manus, written in 2018
Copyright: George Manus
Design and layout: Ole Praud
Illustrations: Julia Bøge

Print: BoD - Books on Demand, Norderstedt, Germany
Editor: BoD - Books on Demand, Copenhagen, Denmark
(BoD.dk)

e-mail: george.manus@mminnovation.no
Homepage: www.george-manus.jimdo.com

Utgave 4.

Foreword

This book is dedicated to "Coincidences". Read the reflection "Coincidences" from page 14. (From Stories & Thoughts I)

My WORDS FOR THE ROAD I were formed by coincidences and special events related, among other to the writing of my books REFLECTIONS I - II and III.

It became a mixed content, which I have seasoned several of my books with.

In this book, which I have named WORDS FOR THE ROAD I - 100 short reflections and puns, they are gathered in English and Norwegian.

As mentioned, they were formed by coincidences and special events, and thus the presentation is not given any grouping or priority. They are presented side by side, English and Norwegian, and with both tables of content organized in alphabetical order.

As to the mix, the reader will find them covering everything from Poetry, Folded hands, Aphorisms and Proverbs, some short and some a little longer.

If you should get a feeling that you've heard some of them before I can assure you it was never my intention to plagiarize.

I thank Anne Schild for her help with the language, Julia Bøge for the vignettes and my friend Ole Praud for his consultancy work.

The South of Spain
Spring 2018
George Manus e-mail: george.manus@mminnovation.no

Forord

Denne boken er dedikert til "Tilfeldighetene". Les refleksjonen "Tilfeldigheter" fra side 20. (Fra Historier & Tanker I)

Mine ORD MED PÅ VEIEN I ble formet ved tilfeldigheter og spesielle hendelser, blant annet relatert til skrivingen av mine REFLEKSJONER I - II og III.

Det ble en lett blanding av innhold, som jeg har krydret flere av mine bøker med.

I denne boken, som jeg har valgt å kalle ORD MED PÅ VEIEN I - 100 korte refleksjoner og ordspill, er de samlet på både engelsk og norsk.

Som nevnt ble de satt på papiret ved tilfeldigheter og innskytelser og presentasjonen er derfor ikke gitt noen gruppering eller prioritering. De står side om side, engelske og norske, med begge innholdsfortegnelsene i alfabetisk rekkefølge.

Når det gjelder blandingen vil leseren se at de omhandler alt fra Poesi, Foldede hender, Aforismer og Ordspråk, noen korte og andre litt lengre.

Hvis du skulle få følelsen av at du har hørt noen av dem før, garanterer jeg at det aldri har vært min tanke å plagiere.

Jeg takker Anne Schild for hennes hjelp med språket, Julia Bøge for vignettene og min venn Ole Praud for konsulentarbeidet.

Syd Spania
Våren 2018
George Manus   e-mail: george.manus@mminnovation.no

CONTENT

INNHOLD

COINCIDENCES

2016

How in the world can it be that something as important as coincidences has not yet got its own reflection? The headline was written down a couple of years ago, and these days in 2018, I put the finishing touches to my book WORDS FOR THE ROAD I - 100 short reflections, which I, without having this reflection in mind, dedicated to the "Coincidences".

Presumably, it's not common for a book to be dedicated to something so abstract or in this context remote.

As you can see, "Coincidences" is dated 2016. A series of coincidences have happened since then, but probably I have not been motivated to seize them and put them to paper. There may have been so many of them that I found it difficult to get started.

Why I chose this episode is pure coincidence, but that it happened during a period with a lot of stress, may be one of the reasons.

The choice between going on the train journey that would mark the celebration of our twenty years of marriage, or not, fortunately became quite easy. We had ordered the tickets a long time before my wife, three months ago suffered a stroke. To make a long story short, it fortunately seems to be going the right way and we are now at the convalescent stage. The doctors gave us the green light to travel if the medicine was taken and if my wife, of course, was motivated for the trip.

The last coincidence happened on June 14th. 2018, the day before we went on our big train ride with "Al Andalus" through Extremadura.

The burglar alarm had broken down the day before and we needed urgent service not to leave the apartment unprotected. Of course, there was a lot of time-related stress, but it all worked out in the end, just hours before we left.

The same evening, we were to fly from Almeria to Seville late in the afternoon of the 15th., I discovered that my Omega watch had stopped. Strange, had the battery burned out? My wife was certain that it had been changed in Oslo while we were there last August. According to me it must have been two years ago, but that discussion we wisely avoided.

Here good advice was hard to come by. You cannot change the battery on an Omega just anywhere and especially not in the area where we live.

Friday and market day in Garrucha. An enormous amount of people, as the holiday season has already begun and as usual there are no parking spaces available. My wife, who cannot yet drive the car after her stroke, had a session of "radio frequency" in Garrucha, so after taking her to Liliana's, I finally found a parking space and walked confidently to the store that I thought had changed the battery the time before it was done in Oslo. As it was market day, I found the door locked - it was clear that the owner did not see any business opportunities in keeping open on market days.

It's not that I'm without watches. In the safe I have a Callaway I got as a prize in a golf tournament, a Swatch that I don't remember the origins of and a self-winding Rado. I had all of them including the Omega in my pocket, as it should at least, I thought, be possible to revive one of them. The absence of a watch on a week's journey was unthinkable, especially due to our present situation with the state of health my wife is in, as her watch is non-numeric, resulting in her getting the hour wrong one way or the other when I ask her what time it is. So, the last resort would be to buy a new one.

With the door locked at the only shop I could imagine having the possibility of a battery change, I walked crestfallen through the small streets back towards the parking lot down by the harbour.

As I come out of a narrow street to cross Garrucha's seaside promenade, I suddenly see my Irish friend Allan, with his cap and his little backpack. He is one of those people who have walked the so-called pilgrimage to Santiago de Compostela from different starting points and is a very nice fellow whom we have known for many years.

I tell him about the stress factor over the last few days, our train ride and the present condition of my wife, ending with a quick resume of my watch experience.

First you go back less than fifty meters, then walk about a hundred meters to the right, he explains. On the left side corner there is a goldsmith shop whose proprietor is a watch specialist. According to Allan, who lives in Garrucha, he should be open on market days. And sure enough, he was open. Nothing he could do about the Omega though, nor with the Rado's mechanics as they were far beyond his field of expertise. But when it came to changing batteries in the other two, he nodded with a smile.

Half an hour later I fetched the Callaway and the Swatch, both with new fresh batteries. As I had promised Allan to call him to tell him about the outcome, I of course did so immediately after picking up my wife from her treatment at Liliana's.

With Allan's good wishes for a nice trip, I hurried home to load our suitcases into the car.

Everything ready for the trip. Well on our way along the motorway to Alicante, my wife discretely asked if it was not from Almeria we were going to fly? The airport in Alicante is a two-hour drive from us, in the opposite direction to the airport in Almeria, which we normally reach in about three quarters of an hour.

Is it necessary to mention that the question, without any comment from my side, was answered by my taking the quickest exit to the right, and stopping at an appropriate spot to check the tickets. Minutes later we find ourselves heading in the opposite direction, on the motorway towards Almeria.

Stress, as there has naturally been a lot of lately, can have many consequences. By pure chance this misunderstanding on my part would save us from the consequence of another blunder I was responsible for.

After about twenty minutes driving towards Almeria, where I concentrated on checking my brain for other blunders, I discovered that maybe the most essential item apart from medicine, tickets and money, was well ensconced in the night-stand drawer at home.

The most important thing about my wife's rehabilitation is, of course, her medication. It is crucial for controlling her blood pressure, which should be measured twice daily. And how do you check the blood pressure? Quite right, you need a blood pressure gauge. Imagine how safe ours was at home in the night-stand drawer, protected by a well-functioning burglar alarm.

Thanks to the distance to Almeria being shorter compared to Alicante, we had time to drive into the city itself where we immediately found a pharmacy and bought the indispensable instrument.

It wasn't a coincidence that only after we checked in at the Almeria airport, we got communication going again.

COINCIDENCES

Take advantage of the Coincidences and make the best out of them. Remember, you can never win over them in battle.

TILFELDIGHEDER
2016

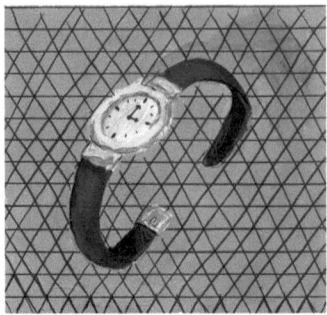 Hvordan i all verden kan det ha seg at noe så viktig som tilfeldigheter enda ikke har fått sin refleksjon. Overskriften har stått klar i minst et par år og i vårdagene i 2018 la jeg siste hånd på utgivelsen av min bok ORD MED PÅ VEIEN I – 100 korte refleksjoner, som helt uten tanke for denne refleksjonen er dedikert til "Tilfeldighetene".

Antagelig er det ikke vanlig at en bok blir dedikert til noe så abstrakt, i betydningen fjernt.

Som man ser er "Tilfeldigheter" datert 2016. En serie tilfeldigheter har skjedd siden den gang, men antagelig har jeg ikke vært motivert til å gripe fatt i dem å sette dem på papiret. Det kan også være at det har vært så mange av dem at det derfor har vært vanskelig å komme i gang.

Hvorfor jeg tar fatt i nettopp denne episoden er rene tilfeldigheter og at det skjer i en meget stresset og spesiell periode er kanskje også noe av årsaken.

Valget mellom å ta fatt på vår togreise som skulle danne feiringen av vårt tjue års ekteskap, eller ikke, ble heldigvis ganske lett. Billettene hadde vi bestilt lenge før min kone for snart tre måneder siden fikk slag. Lang historie kort, det gikk heldigvis tilsynelatende bra og vi er nå på rekonvalesens-stadiet. Legene gav grønt lys for at vi dro, bare medisinene ble inntatt og selvfølgelig at hun selv var motivert for turen.

Den siste tilfeldigheten skjedde den 14nde juni i år 2018, dagen før vi skulle på vår store togtur med "Al Andalus" gjennom Extremadura.

Hus-alarmen hadde slått seg vrang dagen før og vi trengte omgående service for ikke å måtte forlate leiligheten ubeskyttet. Det ble selvfølgelig stress med tiden, men det hele ordnet seg til slutt, bare timer før vi skulle dra.

Samme kveld, vi skulle fly fra Almeria til Sevilla sent på ettermiddagen den 15nde, oppdaget jeg at min Omega klokke hadde stoppet. Underlig, var batteriet utbrent? Min kone mente bestemt at det ble skiftet i Oslo mens vi var der i August i fjor. Ifølge meg må det ha vært for to år siden, men den diskusjonen lot vi ligge.

Her var gode råd dyre. Man får ikke skiftet batteri på en Omega hvor som helst og i hvert fall ikke der vi bor.

Fredag og markedsdag i Garrucha. Enormt mange mennesker grunnet at ferietiden allerede har begynt og som vanlig var det så godt som ingen parkeringsmuligheter å finne. Min kone, som ikke kan kjøre bil enda etter slaget, hadde en omgang "radiofreqiencia" i Garrucha, så etter å ha levert henne til "Liliana", fant jeg endelig en parkeringsplass og vandret fortrøstningsfullt til den forretningen som jeg mente hadde skiftet batteriet siste gang, før det ble gjort i Oslo i fjor eller forfjor. Ettersom det var markedsdag fant jeg døren låst – det var tydelig at han ikke så forretningsmuligheter i å holde åpent på markedsdagene.

Nå er det ikke slik at jeg er uten klokker. I safen har jeg liggende en Callaway klokkepremie fra en golfturnering, en Swatch som jeg ikke husker opprinnelsen på og en Rado, mekanisk selvopptrekkende. Jeg hadde alle med i lommen, da det i hvert fall måtte være mulig å få liv i en av dem. Det å være uten klokke i en uke på reise var så godt som utenkelig, spesielt sett fra situasjonen vi befinner oss i med min kones tilstand og hvor hennes klokke ikke har tallangivelse og at hun derfor på mine spørsmål ofte bommer med minst en time frem eller tilbake. Så siste utvei ville være å kjøpe en ny.

Med døren låst hos den eneste jeg kunne tenke meg som hadde mulighet til et batteriskifte, vandret jeg slukøret gjennom noen smågater tilbake mot parkeringsplassen nede ved havnen.

Idet jeg kommer ut fra en smal gate for å krysse Garruchas strandpromenade får jeg plutselig øye på min Irske venn Allan, med sin "cap" og lille ryggsekk. Han er en av dem som en rekke ganger har gått den såkalte pilegrim-turen til Santiago de Compostela fra forskjellige utgangspunkt, og som vi har kjent i mange år.

An-pusten forteller jeg om stressfaktoren med de siste dagers oppbygging mot vår togtur og min kones tilstand og avslutter med et raskt resyme av min klokkeopplevelse.

Først tilbake mindre enn femti meter og deretter vel hundre meter til høyre, forklarer han. På på venstre side på hjørnet, ligger det en gullsmedforretning hvis innehaver er klokkespesialist. Han skulle ifølge Allan, som bor i Garrucha, holde åpent på markedsdager.

Og riktig nok, Ikke før hadde jeg fått konstatert at Omegaen kunne han intet gjøre med og heller ikke med Radoens mekanikk, som lå langt utenfor hans kompetanseområde, nikket han anerkjennende til å kunne skifte batteri i de to andre.

En halv time senere hentet jeg Callawayen og Swatchen, begge med nye friske batterier.

Jeg hadde lovet å ringe Allan å fortelle om rådet førte til suksess, noe jeg selvfølgelig gjorde straks jeg hadde hentet min kone fra hennes behandling hos "Liliana". Med alle hans gode ønsker om en fin tur bar det hjem for å laste kofferter i bilen.

Alt klart for den store togturen. Vel ute på motorveien, på vei mot Alicante, spurte min kone forsiktig om det ikke var fra Almeria vi skulle fly? Flyplassen i Alicante ligger to timers kjøring fra oss, i motsatt retning av flyplassen i Almeria, som vi når på rundt tre kvarter.

Er det nødvendig å nevne at spørsmålet, uten kommentar fra min side, ble besvart med raskeste avkjøring til høyre og med stopp på dertil egnet sted for sjekk av billettene. Minutter senere befinner vi oss i motsatt retning på motorveien.

Stress, som det naturlig nok har vært mye av i det siste, gir seg mange utslag. Ved en ren tilfeldighet skulle det vise seg at denne misforståelsen fra min side skulle redde oss fra konsekvensene av en annen blunder jeg var ansvarlig for.

Etter rundt tjue minutters kjøring mot Almeria, hvor jeg konsentrert sjekket hjernen etter andre bommerter, gikk det opp for meg at kanskje det viktigste etter billetter og penger, lå vel forvart i nattbordskuffen der hjemme.

Det vesentligste når det gjelder min kones rehabilitering er selvfølgelig medisineringen. Videre skal det holdes kontroll med blodtrykket, som skal måles to ganger daglig. Medisinene lå vel dosert i en dertil spesiell boks sammen med pass og billetter, men hvordan kontrollerer man blodtrykket? Helt riktig, til det må man ha en blodtrykk-måler. Tenk så trygt og godt den ligger der hjemme i sin nattbordskuff, beskyttet av en velfungerende nyoverhalt tyverialarm.

Takket være distansen til Almeria i forhold til Alicante hadde vi tid til å kjøre inn i selve byen, hvor vi umiddelbart fant et apotek og fikk kjøpt det uunnværlige instrumentet.

Det burde være unødvendig å nevne at det ikke var en tilfeldighet at vi først etter innsjekking på flyplassen i Almeria, fikk i gang noen form for kommunikasjon igjen.

TILFELDIGHETER

Dra fordel av Tilfeldighetene og gjør det beste ut av
dem. Husk, du kan aldri vinne over dem i kamp.

2018

POEM OF JOY

The greatest joy of all must be,
others smiling and laughing to see.
That others can feel what in life is real.

There are enough days when thoughts are bad and
enough of them when thoughts are sad.

But the thoughts full of joy can themselves fill a book,
it's just a question of knowing where to look.

Keep your eyes open and your vision clear,
take care of beauty, it's extremely dear.

Look after that which us feeds
and don't hide away in the reeds.

Because although each straw is thin and brittle,
together their density makes you feel little.

You can't find the exit, you grope around rather,
you clutch at the air, is that what you gather?

A mountain of straw can't be climbed by force,
you have to make use of life's spiritual source.

You must lift yourself up and release your juices,
you must want to and let your force have its uses.

You've got the necessary strength,
it's just a question until what length.

You can score your points, one after the other,
make your decision, repeat, it's no bother.

Do it for ever, be on the alert,
and you'll never be bitter and hurt.

January 1995 (Cabrera)

GLEDES DIKT

Den største glede må være å se,
at andre kan smile å le.
At andre kan føle at livet er verdt nettopp det.

Det er nok av dager hvor tanker er vonde
og nok av dager hvor tanker er tunge.
Men også et hav av tanker med glede,
det er kun et spørsmål om å kunne se det.

Hold øynene åpne, hold blikket klart,
hold hånd om det skjønne, for det er sart.
Ta vare på alt som er godt i livet, og ikke
gjem deg bort i sivet.

For selv om hvert strå er tynt i seg selv,
danner mengden en tetthet som gjør deg til trell.
Du ser ingen utgang, du går der og famler,
du griper i luften, er det den du samler?

En strå-mur kan ikke forseres med krefter,
du må bruke av livets åndelige tefter.
Du må løfte deg opp, du må utløse saften,
du må ville det selv, du må bruke kraften.

Du har den styrken som skal til,
det er bare et spørsmål om hva du vil.
Punkt for punkt kan du skåre poeng,
bestem deg for det, gjør det om igjen.
Gjør det hele tiden, vær deg bevisst,
og du vil aldri føle deg bitter og trist.

Januar 1995 (Cabrera)

ALIBI

Even a waterproof Alibi can have leakage.

May 2019

THE GREATEST INVENTION

The Greatest Invention is made by the one finding the answer to who controls the coincidences.

I'm working on the matter.

STRENGTH

When we talk about Strength, we think about steel - but it can also appear like the softest eel. When heated, things take on a different form and thus make changes to the current norm.

AN HOUR

An Hour seems never to end - when you are just around the bend.

ALIBI

Selv et vanntett Alibi kan ha lekkasje.

Mai 2019

DEN STØRSTE OPPFINNELSEN

Den Største Oppfinnelsen gjør den som finner svaret på hvem som styrer tilfeldighetene.

Jeg arbeider med saken.

STYRKE

Når det handler om Styrke, vi tenker på stålmen fremstå det kan som den mykeste ål. Med varme kan mangt få andre former og derved skapes det nye normer.

EN TIME

Det er utrolig hvor lang en Time er - hvis du bare befinner deg tilstrekkelig nær.

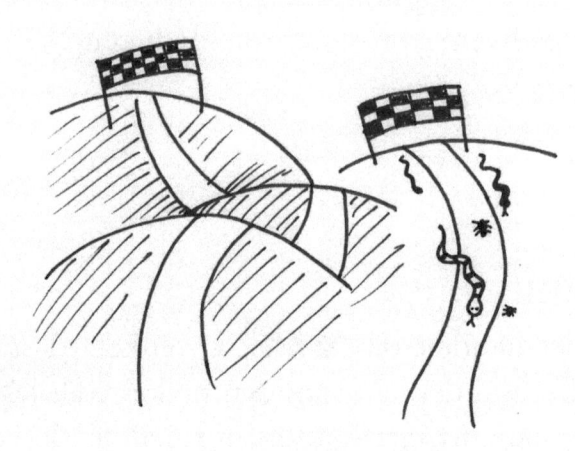

The shortest way
Den korteste vei

Julia Bøge

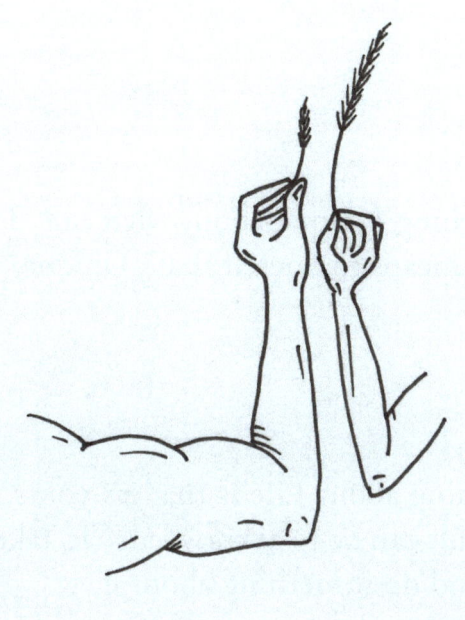

Physical strenght
Fysisk styrke

Julia Bøge

31

ELIMINATION

If you Eliminate those who really make money in an honest way, our modern world could collapse.

(2016)

UNIQUE

There's nothing Unique about what one does - it's what it means to oneself that's Unique.

(1993)

LIFE I

The best thing about Life is that it's yours. The most difficult can be to acknowledge it, take the initiative and do something about it.

To my daughter Anne-Marie on her 20th birthday

DOES HISTORY REPEATS ITSELF?

The time difference makes it impossible for History to repeat itself.

(1994)

ELIMINASJON

Hvis man Eliminerer de som virkelig tjener penger på ærlig vis, kan vår moderne verden gå under.

(2016)

UNIKT

Det er aldri noe Unikt i det man gjør- det er det det betyr for en selv som er Unikt.

(1993)

LIVET I

Det beste ved Livet er at det er ditt. Det vanskeligste er å erkjenne det, ta initiativ og gjøre noe med det.

Til min datter Anne-Marie på 20 årsdagen

GJENTAR HISTORIEN SEG?

Tidsforskjellen umuliggjør at Historien gjentar seg.

(1994)

UNDERSTANDING I

Those who think I don't know it have evidently not understood - that things have been let happen which I saw should have been halted. And for the very simple reason - that development takes place through sacrifice and vision - not by putting a calculated stop to the mission. It has cost to sow - the profits maybe low - but it's worth the understanding I have gathered up to now.

FORSTÅELSE I

Den som tror jeg ikke vet det - har definitivt ikke forstått - at ting har fått skje som jeg godt kunne se skulle stoppes. Hvis det ikke var for nettopp det - at utvikling skjer ved vidsyn og offer - ikke med nøkterne bremser som stopper. Det har kostet å så - kanskje lite å få - men alt veies opp mot det å forstå.

IDLENESS

If Idleness seems to be the root of all evil - could occupation then be the root of the good?

(1994)

THE MIDDLE WAY

The answer is always the Middle Way.
So, it was with Aristotle and so it is today.
Not too much greed and not too much spend-ing.
Not too aggressive and not too defending.
Not too evil and not too good.
This is what I have understood.

(1995)

MOVEMENTS

There are Movements so simple and efficient that they must be taken seriously.

INSPIRATION I

Life itself is the most important Inspiration.

(1994)

LEDIGGANG

Når Lediggang synes å være roten til alt ondt -
kan da beskjeftigelse være roten til det gode?

(1994)

MELLOMVEIEN

Svaret er alltid Mellomveien å gå.
Slik var det hos Aristoteles og slik er det nå.
Ikke for grådig og ikke for raus.
Ikke for aggressiv, forbli heller taus.
Ikke for ondt og ikke for godt.
Slik har jeg det hele forstått.

(1995)

BEVEGELSER

Det er Bevegelser så enkle og effektive at de må
tas alvorlig.

INSPIRASJON I

Livet i seg selv er den viktigste Inspirasjon.

(1994)

THE FOUR SOLAR SEASONS

Spring
The Sun is eager to make its way high up in the sky and inspire all living things to reach for it.

Summer
The Sun wanders directly across the sky, in the middle of the neutral zone between spring and autumn.

Autumn
The Sun is pulled down towards the horizon, into autumn's inevitable embrace.

Winter
The Sun lets go of its promise of warmth and settles for its illuminating clarity.

DE FIRE ÅRSTIDER

Vår
Solen ivrer etter å stige på himmelen og inspirerer alt liv til å strekke seg etter den.

Sommer
Solen spaserer rett over himmelen, midt i nøytralitet-sonen mellom vår og høst.

Høst
Solen blir trukket ned mot horisonten, i høstens ufravikelige favntak.

Vinter
Solen gir opp sitt varmende budskap og nøyer seg med sin opplysende klarhet.

SPONTANEITY I

Take good care of the Spontaneity if you have it. You can easily lose it and thereby something of yourself.

(1995)

CHALLENGES I

If you don't see it clearly at this point, you will one day understand that it's through Challenges that one learns and grows, not so much while surfing downwind.

TO PAPER

When one puts onto Paper what one thinks and means - it can be interpreted wrongly and lead to scenes.

ABOUT BEING GOOD

If you're told that you're no Good at this or that, take it as a compliment. We can't all be Good at everything. If one is Good at what one is good at, then we're all Good in our own way.

SPONTANITET I

Ta godt vare på Spontaniteten hvis du har den.
Du kan lett miste den og derved noe av deg selv.

(1995)

UTFORDRINGER I

Hvis du ikke har det helt klart for deg, så vil
du en dag skjønne at det er gjennom Utfordrin-
ger man lærer og vokser, ikke nødvendigvis når
man surfer i medvind.

PÅ SKRIFT

Når man setter i Skrift det man tenker og mener
- kan det tolkes feil og føre til scener.

OM Å VÆRE GOD

Får du høre at du ikke er God til det eller det, så
ta det som et kompliment. Vi skal ikke alle være
Gode til alt. Er man God til det man er God til,
så blir vi alle Gode på vår måte.

ABOUT HAVING REGRETS

I regret very little of what I have done as luckily my memory's quickly gone.

I regret more what I didn't get done, all of which would have been second to none.

Gave people a chance - from near and far, always kept the door ajar.

Yes, it has often been very dear and hasn't always got out of low gear.

A tougher stand with demands and decision - would that have been the way to greater expansion?

Undoubtedly short term but therein lies the strength, of those who know their profession at length.

One needs practical experience and time to roost, maturity, effort and lots of boost.

(1994)

OM Å ANGRE

Jeg angrer på lite av det jeg har gjort, for heldige meg jeg glemmer så fort.

Jeg angrer mer på det jeg ikke gjorde, alt det som kunne blitt til det riktig store.

Gav mennesker sjanser - og sjanser igjen, jeg holdt alltid døren litt på klem.

Ja, det har kostet mer enn det smakte og ting har til tider gått alt for sakte.

En tøffere holdning med krav, konsekvenser - ville det vært svaret som utvidet grenser?

Utvilsomt på kort sikt men hvor er det styrke, hos den som grundig behersker sitt yrke.

Til det trengs praktisk erfaring og tid, det trengs modning, innsats og mye giv.

(1994)

MATURITY I

Arms that are wrinkled and knees that are bent -
who has you their intimate friendship lent?
Is it what one sees and what one smells
which really one's true story tells?
One can hide the rest, but not the best -
it always appears with zest.
It's what we stand for and what we go for, which
defines us for ever more.

TIME I

It's not so important what Time it is - what's
important is that it passes.

THE SMILE

A Smile is like sand on ice, it helps you walk
more safely.

MODENHET I

Skrukkete armer og bøyde knær,
hvem står deg egentlig nær?
Er det det man ser og det man lukter,
som uttrykker hvem man er?
Man kan skjule det meste, men ikke det beste -
det ligger alltid der.
Det er det vi står for, det er det vi går for, som
preger oss hver og især.

TIDEN I

Det er ikke så viktig hva klokken er - det viktig-
ste er at Tiden går.

SMILET

Smilet er som sand på isen, du går tryggere.

THANK YOU GOD

Dear God, look after my thoughts in the now -
as it is you who decide where they go.
Regardless where I want them to lead me to -
let my subconscious decide, what you want me
to do.
A thought is tax-free and has no borders -
for us that is but you give the orders.
You know what we're thinking, when our de-
fences are sinking - as you open and close the
chains that are linking.

TAKK KJÆRE GUD

Kjære Gud ta vare på mine tanker -
det er deg som bestemmer hvor hen de vanker.
Uansett hvor jeg ønsker at de meg skal føre -
la underbevisstheten styre, det du vil jeg skal gjøre.
Tanken er tollfri og uten grenser -
for oss ja men ikke for deg som senser.
Du vet hva vi tenker, når "garden" vi senker- det er du som åpner og lukker for lenker.

HONESTY I

Honesty has no competitors.

WATCHFUL EYES

Keep your Eyes open and the journey will last longer.

DETAILS

In many ways, it's a pity that what counts are the Details, as they are often boring and time consuming to put into place.

PATIENCE - EXPECTATIONS

If we could all be a little more conscious about giving other reasons to test their Patience, much in everyday life would be better.

January 2019

ÆRLIGHET I

Ærlighet har ingen konkurrenter.

BLIKKET I

Hold et våkent Blikk og reisen blir lenger.

DETALJENE

På mange måter er det synd at det er Detaljene som teller, for de er ofte kjedelige og tidkrevende å få på plass.

TÅLMODIGHET OG FORVENTNINGER

Hvis vi alle kunne være litt mer bevisste når det gjelder å gi andre grunn til å sette Tålmodigheten på prøve, ville mye i dagliglivet bli bedre.

Januar 2019

DEAR......., GIVE ME A CHANCE

Give me a Chance to love thee -
Give me a Chance to be me -
Give me a Chance.
Give me a Chance to give thee and take thee -
Give me a Chance to always have thee -
Give me a Chance, please be so kind -
Give me a Chance, I know thy mind.

GIVE US A CHANCE

Dear Good, give us a Chance
Give us a Chance, for what we want and pray -
Give us a Chance, so we don't lose our way -
Give us a Chance.
Give us a Chance, please tell us what to do -
Give us a Chance, we know we want to -
Give us a Chance, if you so please -
Give us a Chance, we will manage with ease -
Give us a Chance.

KJÆRE ......, GI MEG EN SJANSE

Gi meg en Sjanse til å elske deg -
Gi meg en Sjanse til å være meg -
Gi meg en Sjanse.
Gi meg en Sjanse til å gi deg å ta deg -
Gi meg en Sjanse til alltid å ha deg -
Gi meg en Sjanse så er du snill -
Gi meg en Sjanse, jeg vet at du vil.

GI OSS EN SJANSE

Kjære Gud gi oss en Sjanse
Gi oss en Sjanse, så gjerne vi vil -
Gi oss en Sjanse, så vi ikke går vill -
Gi oss en Sjanse.
Gi oss en Sjanse, du sier oss til -
Gi oss en Sjanse, vi vet hva vi vil -
Gi oss en Sjanse, så er du snill -
Gi oss en Sjanse, så får vi det til -
Gi oss en Sjanse.

Crises
Kriser

Julia Bøge

Elimination
Eliminasjon

Julia Bøge

SURVIVAL I

For a lot of reasons, I want to cry. For a lot of reasons, I call them a lie.

MINI PRAYER

Dear God, my utmost thanks to you as you're the best, they are you due.

PHYSICAL STRENGTH

Physical Strength alone doesn't necessarily mean that one has drawn the longest straw.

GOOD LIFE

What a Good Life we could live if we could avoid stupidity.

(2015)

OVERLEVELSE I

Det er mye som kunne fått meg til å gråte. Det er mye som jeg kaller både løgn og gåter.

MINIBØNN

Kjære Gud jeg takker deg mest - nettopp fordi jeg vet du er best.

FYSISK STYRKE

Fysisk Styrke alene trekker sjelden det lengste strå.

HERLIG LIV

For et Herlig Liv vi kunne hatt hvis vi unngikk dumheter.

(2015)

WILL

From this ridge, my belief can build a bridge. Just put me to the test, I'll do all the rest. He's mad as a hatter - it's all nonsense his natter - Is he totally bent, has he lost his scent?

EXPLANATION

What's inside me can't be Explained in words and sound, even though my feet are planted on the ground. The meaning of words, what they're meant to portray - must never become locked or fixed in any way. The courage of our convictions we must have and express - as only thus we can find happiness.

GOSSIP

The words that wander from mouth to ear - may for some be sad to hear.
So, let the thoughts in your mind go around, before you commit them to paper or sound.

EXPERIENCES

It's unwise to underestimate Experiences.

(2013)

VILJE

Jeg kan bygge en bro, kun styrt av min tro. Jeg kan alt jeg vil gjøre, bare sett meg på prøve. Han er gal, bare hør - det meste er rør - er han stor i kjeften, har han mistet teften?

FORKLARING

Mitt indre kan aldri Forklares med ord, selv om jeg står plantet med bena på jord. Hva ord betyr, hva de uttrykke skal -
må aldri bli låst, eller bli til et kall. Våre meningers mot skal vi ha og uttrykke - og kun gjennom det kan vi finne vår lykke.

SLADDER

Det man sier, som vandrer fra munn til øre -
kan også for noen bli leit å høre.
Så la dine tanker i hodet ditt modne,
før du dem setter i skrift eller tone.

ERFARINGER

Det er uklokt å undervurdere Erfaringer.

(2013)

THE WHEEL

Without the Wheel the world we live in will come to a standstill. That the Wheel is one of the most important inventions goes without saying. Today it is clear to us all that the Wheel is round, anything else would be unthinkable. The challenge for the future is to find the best and most economical and environment friendly power-source, to make the Wheel keep turning.

(Sept. 2007)

HJULET

Uten Hjulet stopper den verden vi lever i. At Hjulet er en av de største oppfinnelser er ubetinget riktig. I dag er det klart for alle at Hjulet er rundt, alt annet er utenkelig. Utfordringen fremover forblir å finne den beste, mest økonomisk og miljøvennlige kraftkilde for å gi Hjulet fremdrift.

(Sept. 2017)

MOTIVATION

Motivation is the driving force in all progress. Nothing is impossible if the conditions are facilitated and all forces are set to find solutions.

INEXHAUSTIBLE

The world will never run out of secrets.

CRISES

Weapons alone seldom solve Crises.

PROGRESS

Progress can only be made through personal experience.

(2015)

MOTIVASJON

Motivasjon er drivkraften i all fremgang. Intet er umulig bare forholdene legges til rette og alle krefter settes inn på å finne løsninger.

UUTTØMMELIG

Verden vil aldri gå tom for hemmeligheter.

KRISER

Våpen alene løser sjelden Kriser.

FREMSKRITT

Det er bare gjennom egne erfaringer at man kan gjøre Fremskritt.

(2015)

COMPASSION

Compassion is the type of Feeling one gives to others in form of sympathy and understanding. If given naturally to someone else, the good Feeling returns like a boomerang which makes it Feel especially good.

(2014)

JUSTIFICATION

The "Follower" or "The hanger on" has, of course, his full justification, just not as a responsible leader.

(2012)

LYING

Lying is probably one of the first things one learns in life, as one early on has to test how far the elastic can be stretched before it snaps.

(2014)

DUO

A symbol of our everyday condition,
must be the smile in its standard position.
When one's need is at its greatest, one lives in hope, but still will fight for the last sliver of soap.

MEDFØLELSE

Medfølelse er en Følelse man gir til andre i form
av sympati og forståelse. Er den naturlig fra
giverens side, slår god-Følelsen tilbake som en
boomerang og da Føles det svært godt.

(2014)

BERETTIGELSE

"Følgeren" eller "Dilteren" har selvfølgelig sin
fulle berettigelse, bare ikke som ansvarlig leder.

(2012)

Å LYVE

Å Lyve er noe av det første man lærer i livet.
Det skal jo tidlig testes hvor langt strikken kan
tøyes før den ryker.

(2014)

DUO

Et symbol på vår tilstand i dagliglivet -
er nok, at vi ofte trekker på smilet.
Når nøden er størst, man lever i håpet,
men slåss om den siste rest av en såpe.

TIME MUST TAKE THE BLAME

We measure most things in what we get done and what we don't get done. In any case, we Blame it on Time when we are dissatisfied. It's always Time which is to Blame - as if it's responsible for our inability to organize ourselves better.

(2015)

TIDEN MÅ TA SKYLDEN

Vi måler det meste i det vi får gjort og det vi ikke får gjort. Uansett, vi legger Skylden på Tiden når vi er misfornøyde. Det er alltid Tiden som får Skylden, som om den er ansvarlig for at vi ikke makter å organisere oss bedre.

(2015)

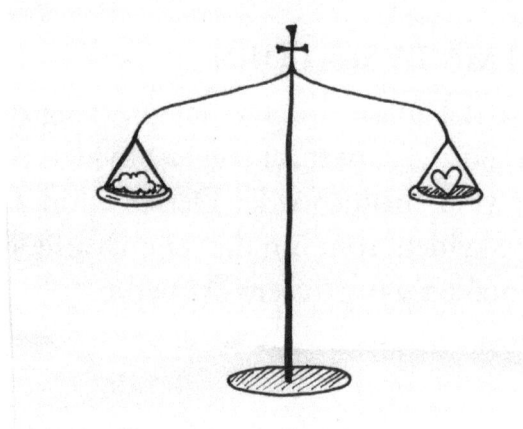

Belive
Tro

Julia Bøge

Time
Tiden

Julia Bøge

THE OPTIMUM

The one who keeps looking for the Optimum, seldom finds it.

KNOWLEDGE

Happiest are those who keep acquiring Knowledge to the very end.

DIFFICULT

I believe in the best in humanity, although at times I find it Difficult.

GOOD ADVICE I

We all give Advice based on our own experience. Thus, it isn't strange for Good Advice to become expensive.

DET OPTIMALE

Den som leter etter det Optimale, finner det sjelden.

KUNNSKAP

De er lykkeligst som bevisst tilegner seg Kunnskap til siste slutt.

VANSKELIG

Jeg tror på det beste i mennesket, men det kan til tider være svært Vanskelig.

GODE RÅD I

Alle gir Råd ut fra sine egne erfaringer. Ikke rart at Gode Råd derfor kan bli dyre.

LEADERS

Leaders are not in any way super-humans. Those who take on that responsibility only need the ability to understand, to put themselves in the situation of the ones they are responsible for and to take balanced, objective decisions, which stimulate individual performance.

(Middle of the eighties)

EXECUTIVE MANAGER

For an Executive Manager, the recipe of leadership is simple. To ensure the success of middle management. That way both levels are given a lift.

(Middle of the eighties)

SALES MANAGER

The best Sales Manager put himself in the limelight by reporting the success of his sales team, not by highlighting his own excellence.

(Middle of the eighties)

LEDERE

Ledere består ikke på noen måte av supermennesker. De som tar det ansvaret skal bare ha egenskaper til å forstå, sette seg inn i medarbeiderens situasjon og så ta balanserte, objektive avgjørelser som stimulerer ytelses-evnen til den individuelle.

(Midten av åttiårene)

TOPPLEDER

Som Toppleder er oppskriften på ledelse enkel. Sørg for at mellomlederne får suksess. På den måten løfter man både dem og seg selv.

(Midten av åttiårene)

SALGSSJEFEN

Den beste Salgssjef fremhever seg gjennom rapportering av salgsstabens suksess, ikke sin egen fortreffelighet.

(Midten av åttiårene)

OBJECTIVE

It is easier to set Objectives in life than it is to fight your way to reach them.

July 2020

PROBLEMS - CHALLENGES II

Anyone can recognize Problems when they see them. The trick is to turn the Problems into Challenges and solve them.

DELUSION

Delusion as self-preservation is a bad foundation to build on.

(2016)

COMMUNICATION I

The ideal form of Communication is the one that even those without preconception can use and enjoy.

(1989)

MÅLSETTING

Det er lettere å Sette seg Mål i livet, enn det er å kjempe seg veien til å nå dem.

Juli 2020

PROBLEMER - UTFORDRINGER II

Alle kan se Problemer når man møter dem. Kunsten er å snu Problemer til Utfordringer og å løse dem.

LIVSLØGN

Livsløgn som selvoppholdelsesdrift er et dårlig fundament å bygge på.

(2016)

KOMMUNIKASJON I

Den høyeste form for Kommunikasjon er den som selv den forutsetningsløse kan benytte og ha glede av.

(1989)

TOLERANCE III

Tolerance is a valuable virtue - but also one of the most complicated.

POPULARITY

One never becomes Popular at the expense of others, only when one is understood through honest intentions.

TIME SAVING

To know better means Saved Time.

PRAYER

The Prayer you say for others, seldom helps the one you Pray for, but it helps your relation to the person in question.

TOLERANSE III

Toleranse er en verdifull dyd - men også en av de mest kompliserte.

POPULARITET

Man blir aldri Populær på andres bekostning, kun hvis man blir forstått gjennom ærlige hensikter.

TIDSBESPARELSE

Å vite bedre betyr Spart Tid.

BØNN

Det at du Ber for andre, hjelper sjelden den du Ber for, men hjelper deg i din relasjon til vedkommende.

TRUST I

To carve a mountain in a short spell is nonsense.
To build a bridge gives the soul a rest.
The span being stretched is not of steel -
but it ties together, just wait and feel.

(1991)

DEMOCRACY I

Democracy secures a reasonable stable society, but can easily dampen dynamics, initiative and motivation.

(2015)

BELIEVE

If God lives in Heaven - or within ourselves - is of no interest as long as He exists.

(2015)

THE IDEA

A good Idea is worthless until it's been turned into reality and shown its value.

TILLIT I

Å snekre et fjell på en kveld er tull -
Å bygge en bro kan gi sjelen ro.
Det spennet som strekkes er ikke av stål -
men det binder sammen, gi bare tål.

(1991)

DEMOKRATI

Demokrati sikrer en rimelig stabil samfunns-
form, men kan lett dempe dynamikk, initiativ
og motivasjon.

(2015)

TRO I

Om Gud bor i Himmelen eller inni oss er egent-
lig revnende likegyldig - bare Han er til.

(2015)

IDEEN

En god Ide er intet verdt før den er satt ut i livet
og har bevist sin berettigelse.

CONFUSION WITH HOUSE-SALES

The net and the gross may seem quite Confusing - so may I suggest introducing. A common dominator straight forward and well seen, the simple word "legal" which means you'll stay clean.

(1997)

AGREEING

If we all Agreed on everything - the world could come to a standstill.

(2017)

ABOUT CRYING

It feels good to Cry,
like giving forward rowing a try,
it gives peace to the soul without fail.

TIME SMOOTHS CORNERS

Time Smooths Corners and black and white becomes nuances.

(2018)

FORVIRRING MED HUS-SALG

Netto og brutto kan skape Forvirring som er lei
- så la meg foreslå en fellesnevner som er rett
frem og grei. Det enkle ordet "lovlig", som be-
tyr "ærlig" for deg.

(1997)

ENIGHET

Hvis vi alle blir Enige om alt - kan verden gå i
stå.

(2017)

OM Å GRÅTE

Det er godt å Gråte,
det blir som å skåte,
den omvendte vei av å ro -
det gir sjelen fred vil jeg tro.

TIDEN SLIPER HJØRNER

Tiden Sliper Hjørner og sort hvitt får sine grå
nyanser.

(2018)

THE KEY TO ALL PROGRESS

Communication is the Key to all Progress. Communication is to create connections, to bring a message or an object from the sender to the receiver. Without continuously improving communication we can't build a welfare society. Distribution of future growing wisdom and welfare is a communication concern. Even the East - West relaxation is a matter of better communication.

(Last part of the eighties)

NØKKELEN TIL ALL FREMGANG

Kommunikasjon er Nøkkelen til all Fremgang. Kommunikasjon er å skape forbindelse, bringe budskap eller gjenstander fra avsender til mottager. Uten stadig bedre kommunikasjon kan vi ikke bygge velferdssamfunnet. Fordeling av fremtidens voksende viten og velstand er et kommunikasjons-anliggende. Selv avspenningen Øst - Vest bunner i bedre kommunikasjon.

(Siste halvdel av åttiårene)

PROBLEMS - CHALLENGES I

The term Problems is negative while Challenges triggers solutions.

ABOUT OURSELVES

None of us are as unique as we believe we are and none of us are so special as we think we are.

ABOUT CREATING

My job is to Create, to find the way. Others must level and pave.

DEEP WOUNDS

Personally, I don't believe, as it's said, that time heals all Wounds, but that we all can learn to live with Deep Wounds by caring for them properly.

(1991)

PROBLEMER - UTFORDRINGER I

Betegnelsen Problemer er negativ, mens Utfordringer trigger til løsninger.

OM OSS SELV

Ingen av oss er så unike som vi selv tror - og ingen av oss er så spesielle som vi mener vi er.

OM Å KREERE

Min jobb er å Kreere, å finne veien. Andre får nivellere og asfaltere.

DYPE SÅR

Personlig tror jeg ikke, som det sies, at tiden leger alle Sår, men at vi alle kan lære oss å leve med Dype Sår, ved å pleie dem riktig.

(1991)

CURBING THE CREATORS

If you are part of Curbing the Creators you kill your own future.

CONSCIENCE I

Nothing is better than the feeling of a good Conscience.

PRIDE

The most sympathetic Pride is the one shown on behalf of others.

(2014)

WHEN TRUST BREAKS CRACKS

When Trust Breaks Cracks, respect disappears.

OM Å BREMSE KREATIVITET

Hvis man Bremser de Kreative, dreper man sin egen fremtid.

SAMVITTIGHET I

Intet er bedre enn følelsen av god Samvittighet.

STOLTHET

Det å være Stolt på andres vegne er den mest verdifulle Stoltheten.

(2014)

NÅR TILLITEN SLÅR SPREKKER

Når Tilliten Slår Sprekker, får respekten slagside.

WE ARE ALL DIFFERENT

The reason why the "enlightened single ruler" system doesn't work, is because We Are All Different. As a consequence the "enlightened single ruler" would be one of us with the same strengths and weaknesses.

(2017)

NO MERCY

For those who express that we are the enemy to be exterminated, there's only one answer in my opinion, and it must be stated clearly - No Mercy.

(2017)

COMPROMISE I

Compromise is probably one of the most important words we have, apart from love.

(2017)

THE FUTURE

The Future is your personal diamond, so take good care of it.

VI ER ALLE FORSKJELLIGE

Grunnen til at "det opplyste eneveldet" ikke kan fungere, er at Vi Er Alle Forskjellige. Som en konsekvens ville den "opplyste enehersker" være en av oss, med de samme styrker og svakheter.

(2017)

INGEN NÅDE

For dem som "klart og tydelig" gir uttrykk for at vi er fienden og skal utryddes, er det kun ett svar etter min mening, og det må uttrykkes klart og tydelig - Ingen Nåde.

(2017)

KOMPROMISS I

Kompromiss er antagelig et av de viktigste ord vi har, hvis vi ser bort fra kjærlighet.

(2017)

FREMTIDEN

Fremtiden er din personlige diamant, så ta godt vare på den.

Gossip
Sladder

Julia Bøge

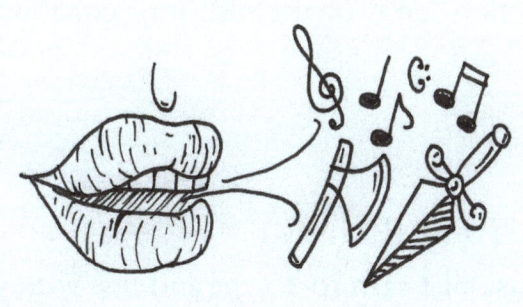

The Voice
Stemmen

Julia Bøge

SOLAR ENERGY

My personal hope is, that one day solutions will be found to exploit the Solar Energy in such way that it can be the dominating contributor to our ever-increasing demand for energy.

(2015)

JEALOUSY I

Jealousy is a terrible decease which, admittedly, is not fatal, but which slowly and surely leads to destruction, be it of friendship or cohabitation of any kind.

(2012)

ABOUT LEARNING I

We must all Learn to accept and live with what we stand for.

(2018)

LESSON

It doesn't really matter if our experiences are good or bad as long as we Learn from them.

SOLENERGI

Mitt personlige håp er at vi en dag finner en optimal løsning på utnyttingen av Solenergien, slik at den kan bli den dominerende bidragsyter til vårt stadig voksende behov for energi.

(2015)

SJALUSI I

Sjalusi er en forferdelig sykdom, som riktignok ikke er dødelig, men som sakte men sikkert fører til destruksjon, det være seg av vennskap eller samliv av enhver karakter.

(2012)

OM Å LÆRE I

Vi må alle Lære oss å akseptere å leve med det vi står for.

(2018)

LÆRDOM

Det betyr egentlig ingenting om våre erfaringer er gode eller dårlige, hvis vi bare Lærer av dem.

THERE COMES A TIME IN LIFE

There Comes A Time In Life when you feel privileged to wake up in the morning.

(2018)

TO BE PLIABLE

To be Pliable is good for your conscience, but not always good for solutions.

(2017)

LET THE MASSES RULE

My opinion is that if you let The Masses Rule, the world will comes to a standstill. Consequently, those who work for that to happen could be responsible for the dissolution of our society.

(2017)

CHOICE

One always has a Choice - there's nothing odious in that - but certain standards for oneself must be set.

DET KOMMER EN DAG I LIVET

Det Kommer En Dag I Livet hvor du innser hvor privilegert du er som våkner opp om morgenen.

(2018)

FØYELIGHET

Føyelighet er god for samvittigheten, men ikke alltid god for løsninger.

(2017)

LA MASSENE REGJERE

Min mening er at hvis man lar Massene Regjere, vil verden går i stå. Som en konsekvens kan de som arbeider for at det skal skje, bli ansvarlige for vårt samfunns oppløsning.

(2017)

VALG I

Man har alltid et Valg - ikke noe odiøst i det. Men visse normer må man sette for seg selv.

SHORT STEPS
Many Short Steps brings you further than long ones.

FREEDOM
Freedom is to belong to oneself, and to have the possibility to organize and administrate one's life.

(2017)

ERROR
Wrong woman or man in the Wrong place is not easily discovered before one sees the results of their achievements.

(2018)

ONE LIFE
You only Live Once, but it helps if you get young several times.

(2017)

KORTE SKRITT
Mange Korte Skritt bringer deg lenger enn lange.

FRIHET
Frihet er å eie seg selv, å ha mulighet til å organisere sitt eget liv.

(2017)

FEIL
Feil kvinne eller mann på Feil sted oppdages ikke så lett før man ser resultatet av deres prestasjoner.

(2018)

ETT LIV
Du lever bare Ett Liv, men det hjelper å bli ung flere ganger.

(2017)

MENTALITY

Grieg's music is reflecting the nature of Norway, not the Mentality of the Norwegians.

NATURE'S STATISTICS

Nature's Statistics for the course of events are incomprehensible to us humans. We cannot create statistics without time. Since Nature is eternal, it does not take time into account.

June 2020

MANAGEMENT I

One of the greatest challenges in Management lies in balancing the economy by giving people sufficient time and space to develop themselves. Humans are not born to learn from the experience of others. Trying and failing is undoubtedly a necessary part of personal development.

(Middle of the eighties)

MENTALITET

Griegs musikk reflekterer Norges natur, ikke den norske Mentaliteten.

NATURENS STATISTIKK

Naturens Statistikk for hendelsesforløp er uforståelig for oss mennesker. Vi kan ikke lage statistikk uten tid. Ettersom Naturen er evigvarende tar den ikke hensyn til tiden.

Juni 2020

LEDELSE I

En av de største utfordringene når det gjelder Ledelse er å balansere økonomien i å gi medarbeiderne tilstrekkelig tid og rom til å utvikle seg. Vi mennesker er klart ikke skapt til å ta lærdom av andres erfaringer. Prøving og feiling er så avgjort en nødvendig del av personlighetsutviklingen.

(Midten av åttiårene)

NO GOOD DEED GOES UNPUNISHED

It is said that no Good Deed Goes Unpunished and there's probably a lot of truth in that. If you feel that your input hasn't been appreciated, however, it doesn't mean a lot.

What's important is what it means for you to have made the effort.

(2016)

UTAKK ER VERDENS LØNN

Det heter at Utakk Er Verdens Lønn. Sikkert mye riktig i det. Hvis du føler at din innsats ikke har gitt den uttelling du forventet, så betyr det svært lite.

Det viktigste er hva det har betydd for deg å ha gjort innsatsen.

(2016)